39391599R00066

Made in the USA
San Bernardino, CA
19 June 2019